Transformation

« On lit ou on écrit de la poésie non pas parce
que c'est joli. On lit ou on écrit de la poésie
parce qu'on fait partie de l'humanité »

Le cercle des poètes disparus

Illustrations : Marie … il y a quelques années !

© 2025 François Bataillard
Édition : BoD · Books on Demand, 31 avenue Saint-
Rémy, 57600 Forbach, bod@bod.fr
Impression : Libri Plureos GmbH, Friedensallee 273,
22763 Hamburg (Allemagne)
ISBN : 978-2-8106-2766-0
Dépôt légal : Avril 2025

Remerciements

Ce recueil de poèmes s'inscrit dans une inflexion personnelle inspirée par les événements de la vie. La disparition d'êtres chers, la proximité d'une dizaine supplémentaire ou l'actualité en ont été des marqueurs.

Il nous est donné de rencontrer deux milliards de secondes. Pourtant, une seule compte.

Une seconde qui se pose en fidèle compagne, discrète ou volubile, livide ou colorée, distante ou incarnée.

Cette seconde, c'est un présent… imparfait ! Un présent qu'il est doux de partager.

Alors, merci !

Merci également à Marielle et à Marie d'avoir encore été mes fidèles relectrices 😊

A vous qui êtes là
A eux qui sont partis

agitation

Les éléphants

« L'éléphant sage écoute plus qu'il ne parle »

La pluie acide douche le monde
Poussant des bêtes au combat
Dont on reconnaît la faconde
A un langage de guérilla.

Nourris de fiel, d'opposition,
Ces animaux, de faux amis
Refusent l'idée de nation
Tout comme l'unité d'un pays.

La prostitution est un crime
Impuni pour ces créatures
Qui prônent un funeste régime
De tromperies, de forfaitures.

Il y a mille ans, une lumière
Eclairait autrement les esprits
Où les religions séculaires
Cultivaient l'art du compromis.

Et sous le soleil de Cordoue
Un esprit sain les gouvernait.
A quatre pattes dans la boue
Les éléphants eux se taisaient.

Les arches fortes d'un édifice
Symboles de fraternité
Protégeaient de l'attrait du vice
Ceux que l'unité dérangeait.

A Cordoue plus que nulle part
Un monde apaisé prospérait.
Mille ans déjà. Mille ans plus tard
Quelles arches pour nous épauler ?...

L'esprit de Cordoue, les Lumières
Ont-ils abandonné nos âmes
Sans défenses face aux faux airs
De pachydermes sans programme ?...

De profession de mauvaise foi
En arguments manichéens,
Ils écrasent de tout leur poids
L'équilibre des bulletins.

Démocraties de porcelaine
Pires cauchemars de l'animal
Qui préfère de loin la haine
Guidé par la mauvaise étoile.

Ne chassez pas les éléphants
Ils se nourrissent du combat.
Formez plutôt vos arguments
Sauf à vouloir les voir plus gras.

Le soleil couchant sur l'Espagne
Rêve a un lendemain debout
Où par le dialogue on regagne
Un peu de l'*esprit de Cordoue*.

Sot de mouton

« Ce n'est pas parce que les moutons suivent le berger qu'ils savent où ils vont »

Un mouton blanc d'Ille et Vilaine
S'ennuie dans son petit enclos.
Allergique aux premiers pollens,
Il préfèrerait un bureau.

Et voilà qu'à deux pas d'ici
Il est recruté par Peugeot.
Dans l'atelier de la sellerie
Il s'inquiète un peu pour sa peau.

Muté en zone mécanique
Il fabrique des directions
Qui font appel à des techniques
D'une grande complication.

Doté d'un fameux sens pratique
Il propose une évolution
Remplacer le système classique
Par deux harmonieux boutons.

Ainsi la vie des conducteurs
S'en trouvera bien simplifiée.
Il faut allumer le moteur
Le reste est automatisé.

Appuyez-là pour avancer
En suivant le reste du monde.
S'ils sont au moins une moitié
C'est sans doute une voie féconde.

Les autoroutes s'y prêtent bien
N'offrant aucune alternative
A qui veut changer de chemin
Ou modifier sa perspective.

Sur ce couloir si bien pensé
Vous bénéficiez du support
De ceux qui sont à vos côtés
Dont vous avez déjà l'accord.

Concernant les voitures en face
Que conduisent vos adversaires
Elles véhiculent toute l'audace
De ceux qui pensent le contraire.

Ils ont choisi l'autre bouton
Comme on lance la pièce en l'air
Connaissant trop bien la chanson
Ils l'ont apprise, mais de travers.

Fier de sa belle invention
Le mouton, ému, se souvient
Du temps perdu en réflexion
Lors des palabres des anciens.

Tout son troupeau inefficace
Dépensait son intelligence
En échanges et en paperasse
Pour un bémol ou deux nuances.

L'innovation époustouflante
D'une pensée à sens unique
Permet aux âmes militantes
Des réponses automatiques.

Il faut dès lors choisir son camp
Entre une voie tracée d'avance
Et pour les plus récalcitrants
La contraposée en défense.

Reprenant en chœur le principe
Les politiques éclairés
Améliorent le prototype
Faisant de twitter un métier.

Chef de file d'un troupeau voyeur
L'animal devient millionnaire,
Comme si un influenceur
Allumait un jour la lumière.

Morale

La pensée unique n'est pas
Qu'une mode simple et pratique.
Elle alimente les combats
Dans ce que son emploi implique.

Le balancier de cette horloge
Qui bannit ou qui canonise
Insuffle à sa sinistre forge
Les incendies qui s'éternisent.

Elle interdit la réflexion
Dans des situations absconses.
Imposant comme une injonction
La simplicité comme réponse.

Comme la biodiversité
Doit protéger nos espèces,
Considérons l'altérité
Comme une précieuse richesse.

Feu vert

Ou « l'impact environnemental de la culture des pastèques ».

Quand les températures avaient sonné l'alerte,
Chacun pour son futur chercha les voies offertes.
Un tout petit homme vert fut bien vite choisi
Pas pour son caractère et plutôt par dépit.

Se croyant investi d'un mandat sans partage,
Le roi du parti pris trancha sans éclairage.
La viande fut proscrite comme les fleurs coupées.
Les voitures interdites, le plastique rationné.

La dernière piscine que l'on laissait en eau,
S'exhibait en vitrine au "musée du chaos".
Cet établissement illustrait les outrages,
Que d'autres juste avant laissèrent en héritage.

Le moindre aéronef était cloué au sol
Quand la SNCF restaurait des carioles.
Comment, me direz-vous, un dirigeant martial
Peut-il mettre à genoux le monde libéral ?...

Devant un grand péril il est deux attitudes :
Regarder son nombril ou changer d'habitudes.
Quand les plus résolus vivaient en mode *Ascète*
D'autres, moins convaincus, ignoraient la planète.

Mais surtout un effet un peu inattendu
Survint après l'été où l'homme fut élu.
Parmi les plus malins, des humains paniqués
Trouvèrent chez leurs voisins, raison de protester.

La délation devint une valeur cardinale,
Donnant au quotidien l'allure d'un tribunal.
On dénonça alors le moindre dérapage,
Des vivants et des morts, parmi son voisinage.

Lui avait traversé la période écolo,
Sans jamais se soucier des dires du troupeau.
Il avait une maison, un scandale absolu !
Une fille, un garçon et même un barbecue !

Un anonyme local dit même l'avoir vu
Boire de l'eau minérale dessous son pardessus.
Heureusement l'histoire trouva une âme forte,
Pour dénoncer l'anar d'une voix qui l'emporte.

Pendant son audition ses forfaits, il maintînt.
Il finit en prison jugé par son voisin.
Bien sûr on protestait, mollement toutefois.
La peur partout régnait dans un monde aux abois.

La peur du lendemain et celle du déluge.
La peur de son cousin, cousin devenu juge.
De son palais en bois le prince du village
Dressa un bout de doigt en réponse aux sondages !

Le bel esprit civique qui animait certains
Eut un effet logique surtout sur les anciens.
La volée de bois vert de la législature,
Fit de la nouvelle ère, celle de l'autocensure.

On ne bataille pas contre cette main verte.
On garde profil bas, on se tait, on déserte.
Dans les supermarchés on fait quelques achats.
On ne prend du poulet qu'avec un avocat.

Même au sein des familles l'ambiance devint pesante.
Plus de père, plus d'ami, pour une action déviante.
Mais toute ressemblance avec un politique
De Lyon ou bien de France serait presque comique.

Peut-on imaginer qu'un élu responsable
Veuille nous imposer de nous sentir coupables ?...
C'est aussi insensé qu'un jour un maire zélé
Dans un moment d'absence s'en prenne au Tour de France !

La pastèque est un fruit de peu de consistance.
Qui masque sous le bruit ce qu'au fond elle pense.
On me fera procès de ce texte facile,
Et je le récrirai pour en revoir le style.

Ne vous méprenez pas cependant pour le reste
Comme vous je la vois la Terre qui manifeste.
Et oui j'irai demain défendre la planète.
Un stylo à la main ou chaussé de baskets.

Comme vous chaque jour je revois la façon
Dont je prends à la terre dehors, à la maison.
Le problème est de taille et les bonimenteurs
Parlent trop de nos pailles et pas assez des leurs.

On ne devrait pas croire qu'un chemin évident
Nous accompagnera vers les terres d'Antan.
Les Allemands zélés harcelés par les verts,
Ont dû abandonner l'énergie nucléaire.

Ça semblait si facile et pour le bien de tous.
Pourtant près des terrils l'air s'échauffe et on tousse.
Car c'est bien le charbon qui nourrit les voitures
« Nouvelle génération » depuis la forfaiture.

Allons-y au combat et menons-le ensemble !
Respectons le débat dans ce qui nous rassemble.
Le défi est immense il est aussi complexe.
Saisissons la confiance comme un premier silex.

Eteindre les lumières

Grotte Chauvet, Mai 2024

L'homme a trois cent mille ans
Dans sa version moderne,
Un être « intelligent »
Qui peignaient des cavernes.

Il s'est beaucoup battu
Contre quelques voisins
Pour nourrir sa tribu
Ou éduquer ses mains.

Originaire d'Afrique
Il s'installe en Asie.
La suite fut épique
D'après ce qu'on écrit.

Il traverse l'Oural
Et investit l'Europe.
Son frère Néandertal
Finit dans un canope[1].

Votre voisin Gérard
Qui laisse la poubelle
Sur le palier le soir
Vient de la même échelle.

---

[1] Vase funéraire

Dix mille générations
Donnent l'individu
Qui prend les élections
Pour une cause perdue.

Il a fallu ce temps
Pour qu'une boîte noire
Nous rende dépendants
Du matin jusqu'au soir.

On l'appelle l'homme sage
Depuis nos origines.
Que dire de l'ouvrage
Pour qui connaît Poutine ?…

Dix mille générations
Un souffle pour la terre !
Tant de révolutions
Pour retrouver la guerre ?…

Vladolf Poutler

Le 24 février 2022, la Russie a lancé une invasion militaire à grande échelle de l'Ukraine. Les forces russes ont attaqué plusieurs fronts, notamment la capitale Kiev, ainsi que les villes de Tchouhouïv et Kharkiv.

On vous l'a montré tant de fois
Le plantigrade moscovite
Qui cultive son pays en mythe
Dans la tyrannie du sang froid.

C'est par la peur qu'il organise
La grandeur de sa dynastie
Quand de la douleur et des crises,
On n'entend que ses propres cris.

Il voulait un pays plus grand
Que chaque femme chaque enfant
Donnent sa vie à l'entreprise
Sauf à la leur voir reprise.

Il fit de l'élimination
Arme d'explication massive.
Et tant de larmes, tant de chansons,
Se sacrifiaient sans perspective.

Il fut des âmes courageuses,
Pour dénoncer la forfaiture.
Chaque jour elles sont moins nombreuses,
Dans la république au cyanure.

Les deux portent le même prénom,
Et partagent une frontière.
L'un d'eux appelle « Opération »,
L'extermination de son frère.

Devant l'écran je change de chaîne,
Oubliant mes bons sentiments.
Que le courage de l'Ukraine,
Nous garde libres très longtemps.

Inspiration Artificielle

En 2023, j'ai demandé à ChaptGPT - système d'Intelligence Artificielle – d'écrire un sonnet sur la « beauté d'un ciel étoilé ».

Voici sa réponse, proposée après seulement deux secondes :...

ChatGPT :

> *« Sous l'éclat pur d'un ciel au firmament,*
> *Des myriades d'astres brillent sans trêve,*
> *Illuminant la nuit d'un doux serment,*
> *D'une splendeur que l'œil sagace relève.*
>
> *Les constellations tracent en majesté,*
> *Les chemins anciens des mythes oubliés,*
> *Chaque étoile chante avec ténacité,*
> *Le mystère du cosmos révélé.*
>
> *La lune, compagne pâle et bienveillante,*
> *Veille sur la terre, sereine et constante,*
> *Tandis que les étoiles en chœur dansent.*
>
> *Devant ce spectacle, nos cœurs s'unissent,*
> *Dans cette nuit où nos rêves se hisseront,*
> *Vers les étoiles où nos âmes s'épanouissent. »*

Est-ce de la poésie ? Est-ce autre chose ?... Qu'en pensez-vous ?...

Intrigué par la qualité et par la rapidité de sa composition, j'ai ensuite demandé à *ChatGPT* :

« *Considérant que tu es une machine, est-ce que ton texte peut être considéré comme de la poésie ?* »

Voici sa réponse ...

> *ChatGPT : « C'est une question fascinante ! Le texte que j'ai écrit peut être considéré comme de la poésie dans la mesure où il suit les règles formelles du sonnet, utilise des métaphores et cherche à transmettre des émotions ou une expérience esthétique. Cependant, la poésie est souvent associée à une profondeur personnelle et à une intention humaine. Pour un humain, chaque mot, chaque image poétique, a une résonance unique, souvent liée à une expérience vécue ou à une vision personnelle du monde.*
>
> *En tant que machine, je génère des textes en utilisant des modèles de langage appris à partir de vastes corpus de poésie et de littérature. Mais je n'ai pas d'expérience subjective, de conscience ou de connexion émotionnelle à ce que je crée. Mon objectif est de reproduire des structures et des émotions qui semblent poétiques pour les humains, mais je ne ressens pas ces émotions moi-même.*
>
> *Alors, même si mon texte peut être esthétiquement "poétique" et apprécié par un lecteur, il manque peut-être de cette touche humaine essentielle, celle qui vient de l'introspection personnelle et du vécu. Ce qui rend la poésie si particulière, c'est aussi l'intention et la subjectivité derrière les mots*

Et VOUS, qu'en pensez-vous ?...

Le paon, le colibri & le milan

2024, histoire d'en France

Un petit coq en pâte, établit l'inventaire
De ses petits pénates et de son frigidaire.
Depuis quelques années, sa basse-cour natale
Craint pour son unité dans un conflit social.

Quatre ans auparavant un sombre pou mortel
Tua de nombreux geais et quelques hirondelles.
A peine rétablie, la ferme, moins puissante
Vit une pénurie de graines et de plantes.

Fatale conséquence du dramatique outrage
D'un vautour sanguinaire, vengeant son héritage.
Le rapace écarlate brûla un testament
Engagea des mainates et établit son plan.

Agrandir ses frontières, sur son proche voisin
Une grande volière et un grenier à grains.
Ce fut un bain de sang, parmi les volatiles
Grâce à des butors blancs ... et à quelques missiles.

Le coq ignore, au mieux, les mésanges[2] rebelles
Qui de leur propre aveu ont pris du plomb dans l'aile.
Tout à la fois myope et perdant la mémoire
C'est dans un microscope qu'il accède à l'histoire.

---

[2] Petit oiseau jaune et bleu !

« Notre pays va mal » affirme le moineau
« Et c'est la capitale qui en est le cerveau. »
"Je sais" confirme-t-il, du haut de son plumage
"D'où vient notre péril, depuis votre suffrage".

"Sept ans de présidence, c'est dans tous les rapports,
L'unique incompétence est celle du condor".
Cette bête innommable nous a tout pris ici.
S'il est un responsable, c'est bien cet ennemi".

Il est vrai que là-bas, le rapace remuant,
Sans le moindre débat et sans prendre le temps
Poussa dans le pétrin sa très grande ambition
Appuyant un matin sur un trop gros bouton.

La secousse fut terrible, un tremblement de terre.
"C'est incompréhensible !", dira son secrétaire.
Le roi du poulailler marchandait le pouvoir !
'Plumeterre' tout entier, se réveilla hagard.

Un colibri, plus loin, est lui à son affaire
Travaillant son jardin et cultivant sa terre.
Il ne s'occupe pas du coq velléitaire
Qui fait le pied de grue en attendant l'hiver.

Lui travaille sans cesse en remerciant le ciel
Pour tout ce qui progresse dans son pays pluriel.
Même si les augures présagent des problèmes
Du bon côté du mur il laboure et il sème.

Il sait aussi sa chance au moment du tirage,
De surplomber la France à son premier voyage.
Il est bien trop petit qui craindrait son ombrage ?
On peut compter sur lui s'agissant de courage.

Les deux se prennent le bec plus souvent qu'il ne faut,
Rejetant leurs échecs par quelques noms d'oiseaux.
Un matin, agacé par quatre jours de brume
Le coq émotionné s'assied et prend la plume.

"Monsieur le Président, je tiens à vous le dire,
Nous sommes sur les dents, ça ne peut être pire.
Gouverner la région n'est pas si compliqué
Moi j'ai dix solutions, si ça peut vous aider".

Plus loin, un merle grec se nourrissant de sable,
Fixe son régime sec, l'esprit un peu coupable.
« Ah, je n'aurais pas dû sur mes pales finances
M'offrir ce superflu juste avant les vacances. »

Sans réponse du chef à sa missive habile,
Le coq et ses griefs se rendent à la ville.
La manifestation s'élance du clocher.
Il est porte-fanion, devant les oies cendrées.

Le cortège s'avance comme un joyeux troupeau.
Dans ce pays par chance on peut chanter très faux.
C'est le cas d'un milan fier et prétentieux
Qui se voit président pour ne pas dire mieux.

Il crie, il vocifère, le bec en cul de poule,
Guidant les réfractaires parmi quelques cagoules.
On les dirait soumis à ce paon à histoires
Aux slogans compromis ou discriminatoires.

Concernant les violences de cette équipée fine
C'est à la présidence qu'on renvoie l'origine.
A trop se regarder comme des alouettes
L'irresponsabilité fait encore recette.

Pas très loin un grand paon prépare les élections.
Souvenir d'un parent lié à l'opposition.
Le volatile marron porte bien la chemise
Cachant les concessions de sa triste entreprise.

A l'abri des pavés et de ses détracteurs
La bête cantonnée se montre grand seigneur.
Elle indique à chacun là-haut le paradis,
Au prix d'un bulletin ... et de quelques conflits.

Chacun reprend le soir sa place dans le logis.
Le coq baille aux corneilles quand l'autre fait son nid.
Lui mange comme un oiseau, une patte sur la branche
Nourri par les corbeaux voisins des zones blanches.

On peut se demander dans la contrée en crise,
Quel oiseau peut sauver la petite entreprise.
Le milan courroucé ou le paon en costume
Ne semblent concernés qu'à voler dans les plumes.

Les deux pelotonnés dans d'extrêmes postures
Annoncent dans le temps d'épatantes mesures.
Les promesses n'engagent que ceux qui les écoutent,
Qui pour le grand naufrage et qui pour la déroute ?...

Morale

Quand le coq fait l'autruche, que le colibri plante,
Le milan lui se juche sur de faciles pentes.
Espérant accéder à un nid de condor
Que le paon coloré voudrait mettre dehors.

Imaginons qu'un jour ces deux-là se retrouvent
Face à face à siffler les programmes qu'ils couvent.
Avant que l'isoloir dise vers où l'on penche,
Je rêve de savoir la pièce sur la tranche.

NB : aucun volatile n'a été maltraité durant l'écriture de cette histoire

révélation

Douche froide

Canal historique, 2024.

Une petite goutte d'eau
S'ennuyait ferme dans sa base.
D'aucun bocal, ni d'aucun pot
Elle ne fit déborder le vase.

Pourtant elle en savait beaucoup
De son nuage tout là-haut
Sur ce qu'il se passait là-dessous
Sans qu'elle ne puisse y faire un saut.

Elle s'agaçait de sa posture
A n'être point prise au sérieux.
Quand son cœur demeurait pur
Sa langue médisait pour deux.

Elle n'avait pas la permission
De se jeter sur les sujets.
Ni pluie, ni précipitation
Pour l'emmener dans son projet.

Elle eut ses premières vapeurs
Lors d'un printemps caniculaire.
Exagérant dans sa rancœur
Le moindre méfait de l'hiver.

Un beau matin du mois de mai
Elle repéra un peu plus bas,
Un pigeon l'air un peu benêt
Semblant ignorer son état.

De la météorologie
Le piaf souriant ignorait tout,
Des nuages noirs ou bien pis
Pas soucieux pour un sou.

La goutte d'eau dans sa colère
Avait débauché des copines
Convainquant par quelques prières
Des sœurs oisives d'une piscine.

L'armée de gouttes se retrancha
A une altitude glaciaire
Peaufinant le plan scélérat
Destiné au blanc bec aviaire.

Pour persuader ses semblables
Les gouttes ne font pas les comptes
De mensonges invraisemblables
Pour que le bruit taise la honte.

L'oiseau ignorant tout du plan
Passa confiant sous le nuage
Sans un Kway, ni sans caban
Pour se protéger de l'orage.

La douche froide fut mémorable
Pour le volatile imprudent
Sorti sans son imperméable
Nécessaire pour ce mauvais temps.

Si les larmes ont un goût salé
C'est qu'elles sont issues de la mer
Pour éviter de trop pleurer
A cause des nuages amers.

Des volailles se reconnaitront
Dans la posture de l'oiseau,
Quand d'autres auront la propension
A se noyer dans un verre d'eau.

Morale de l'histoire
Pigeon heureux ou coq en pâte
Si votre plumage est mouillé
C'est que plus haut, le temps se gâte
Pensez à bien vous protéger !

A la dernière seconde

Une seconde
Attend son heure
Pour voir le jour.

Être une seconde
Exactement à l'heure
A la lumière du jour !

Jamais, on ne la seconde
Pas plus le matin de bonne heure
Quand on connait l'ordre du jour.

Elle s'énerve et elle se plaint : « une seconde ! ».
Le temps passe, de petits bonheurs, en sales quarts d'heure.
Elle procrastine son humeur, pour quand il fera jour.

« J'aurais voulu t'aimer, même entre les secondes,
T'aimer comme avant, comme à la première heure.
Tout est passé si vite, c'était l'année dernière. Jour pour jour »

On remonte le temps, quand viennent les vieux jours.
Quelques étés. Dernier hiver, on change d'heure.
A quelle vitesse passe la vie, passe la seconde.

J'ai l'impression que ce n'est pas mon jour.
C'était tellement bien, tout à l'heure.
J'étais là la première, dit la seconde,

Face à la lumière, à contre-jour,
Elle est arrivée son heure...
Moins une seconde.

Si je me souviens bien

De mémoire.

Je l'ai même confié à Louis.
Le plus âgé de mes enfants.
Il est en âge, je me dis,
De savoir pour ses grands-parents.

Quand j'ai parlé hier à mon père,
Il a conservé le silence.
C'est trop rare dans ses manières,
Ça ressemblait à une absence.

J'aurais laissé passer l'incident,
Si c'était la première fois.
Mais cela devient récurrent,
Il n'y avait pas d'autres choix.

Il m'a parlé auparavant
De gens que je ne connais pas.
Tant de prénoms surprenants
Peut-être sa vie d'autrefois.

Quand j'ai appelé l'hôpital,
J'ai bien entendu sa surprise.
Elle devait être un peu spéciale,
Au téléphone, cette incomprise.

J'ai demandé un supérieur.
Je voulais parler de mon père
A un important professeur,
Pas juste à une secrétaire.

Ils ont bien fini par venir,
Faire ce travail insupportable.
Ne plus retenir, ni souffrir
Ni mes larmes, ni l'incurable.

L'infirmier est venu vers moi,
Il m'a parlé très gentiment.
Je suis même resté un peu coi
Devant son air condescendant.

Mon père doit être bien ici.
Sa chambre est propre et silencieuse.
Alors qui m'a sanglé sur son lit ?
C'est une blague bien douteuse.

« Design thinking »

Le « **Design Thinking** *» est une méthode de gestion des problèmes fondée sur l'innovation et inspirée des techniques du Design. C'est grâce à cette approche que RBnB, BlaBlaCar, etc. sont devenus les géants incontournables que l'on connaît sur Internet.*

Pour donner une définition,
Au sujet du titre éponyme,
Je passe en mode confusion,
Incapable d'un synonyme.

Je m'en remets aux animaux,
Qui vont aider à expliquer,
Ce que des phrases, ni des mots,
Ne permettent de clarifier.

Imaginons un lion, un chat,
Une fourmi, un dromadaire.
Considérons que ces compères,
Partagent le même habitat.

Tout va très bien pour la tribu,
Qui a trouvé son équilibre.
Leurs expériences et leur vécu,
Permettant à tous de survivre.

Ils ont connu bien des problèmes,
Liés à la cohabitation,
Comme dans n'importe quel système,
Comme dans n'importe quelle nation.

C'est l'expertise de chacun,
Qui apporte les solutions.
Quand il fallut veiller au grain,
Ils sollicitèrent le lion.

Quand des ressources purent manquer,
Le dromadaire n'était pas loin.
Il fallut creuser un sujet,
La fourmi répondit au besoin.

Tout allait bien jusqu'à ce jour,
La mauvaise nouvelle arrive.
Parachutée par un vautour,
Elle eut une allure décisive.

Le détail n'a pas d'intérêt.
Mais par la suite nous verrons
La méthode que le quartet
Utilisa comme solution.

D'abord chacun se référa
Aux rôles des individus.
Le lion montra au petit chat,
Qu'il était roi dans l'institut.

Le maigre félin opina,
En lui rappelant cependant,
Une ancienne histoire de rats,
Pour négocier son classement.

La fourmi elle n'est pas bavarde,
Elle se fait respecter pourtant.
Elle est laborieuse et gaillarde.
Personne pour envier son rang.

Au fond s'endort le dromadaire,
Lui se sent plus que nécessaire,
Qu'on ait besoin d'eau ou de bois,
Il contrôle l'économat !

La crise enflait de jour en jour,
L'esprit d'équipe vacillait.
Au-dessus du camp le vautour,
Silencieusement tournoyait.

Le lion sentit l'heure venue,
De déclarer l'état d'urgence.
Il rassembla donc sa tribu
Pour une assemblée de défense.

Le roi exprima son pouvoir,
La fourmi fourbue exhiba
Quelques ampoules au directoire.
Le dromadaire ne parla pas.

Chacun campait sur ses fonctions.
De la première à la dixième
Oui, je parle des réunions
La menace restait la même.

Le vautour est-il le problème
Ou faut-il le chercher ailleurs ?
Quelle solution et quel système,
Feraient une situation meilleure ?

L'on sait bien que pendant l'hiver,
Quand tout est froid et glacé,
Sur les fourmis on peut compter,
Pas trop sur les coléoptères !

Dame fourmi fut donc conviée,
Par le lion à se prononcer.
Sur la façon d'organiser
Cette meute en sécurité.

Il ne lui fallut pas cinq minutes
Pour leur communiquer son plan.
Ils sautèrent en parachute
Sans savoir pourquoi cependant.

La démonstration fut probante,
Pour ceux qui restèrent au sol,
Faire son baptême en parapente,
En dit long sur vous à l'envol.

Ce qu'a pu démontrer la fourmi,
C'est qu'en sortant de son bureau,
On peut montrer des alibis,
Que l'on cachait dans ses travaux.

Il y va ainsi du design,
Qui se moque des expertises.
Qu'on soit en ville, à la campagne,
La matière n'est pas que grise.

Morale
Pour comprendre cette méthode,
Il faut intégrer le principe,
Qu'un lion et un gastéropode,
Equivalent pour une équipe.

Une coquille, une crinière,
Ne déterminent pas la richesse
Qui se cache derrière cet air,
Que nous a donné notre espèce.

La prochaine foi

Il était une fois...
Elle était une foi,
Seule et parée de soie,
Pour ce que l'on en voit.

Futée, mais pas de bois,
Dans la forêt de Foix
Pour un fier et beau foie
Elle eut son seul émoi.

« Et moi, en toi, je crois ! »
Elle croît alors la foi
Imaginant son doigt
Argenté par ce choix.

Sa chatte sur le toit
Se léchant le minois
Se lâche quelquefois,
Sachant une ou deux lois.

« Ma fille, méfie-toi,
De ce gras foie grivois
Gris souvent, parfois coi
Réjoui à ton endroit. »

La folle foi en soi,
Fit fi du choix du chat.
Tout chafouin, le siamois
Garda sa langue de bois.

Oui, le faible foie boit.
Quand il boit, il flamboie
Et tantôt la tutoie
Dans son petit patois.

« Pas vous ! Pas en patois !
Ce ton tant discourtois
Pour quand on se côtoie
Sent la mauvaise foi. »

Dévoilé, il avoua !
Tout le vin qu'il s'envoie
Revenant de Savoie
Souvent sous gueule de bois.

Alors, elle le renvoie
Chrysanthèmes, crise de foi
On sursoit le convoi
Qu'importe qui le conçoit.

Esseulé, il se noie
En s'inondant le foie
D'un dernier verre à soi
Gorgé d'alcool de noix.

Le foie ainsi s'assoit
Tapi tout près du bois.
« Peut-être une autre fois ?...
Je n'ai pas de chat moi. »

La robe à petits pois
Pèse un peu sur la foi
Portant sa peine au bras
En partant loin de Foix.

Ne me demandez « pois »
Pourtant, si cet émoi
Privé de tout, de toit
Fit profession de foi.

.

L'armoire

Ils n'avaient rien à faire
Et le faisaient très bien,
A s'amuser de l'air
Qui flotte le matin.

Elle venait sur ses terres
De son pays voisin.
Sans table des matières
Sans projet pour demain.

Elle riait pour un rien
Toujours à sa manière.
En lui prenant la main
Accueillie sans prière.

Puis elle s'en va en train
Le laissant seul, derrière.
Et la magie rejoint
Sa boîte solitaire.

La grande armoire au loin
À l'allure singulière
N'a dans le quotidien
Qu'un seul tiroir ouvert.

L'absence

J'ai pris ton sourire pour un don.
J'ai pris la vie pour une chanson.
J'ai pris ton pas pour de l'allure.
J'ai pris ta main dans la figure.

J'ai privatisé l'accident.
J'ai pris ton passé, des calmants.
J'ai privilégié ta nature.
J'ai pris ta main dans la figure.

J'ai prisé les moments dehors
J'ai prié Dieu et j'ai eu tort
J'ai pris du silence en piqûre
J'ai pris ta main dans la figure.

J'ai pris le temps de te parler.
J'ai pris une vacance en été.
J'ai pris des cachets au bromure
J'ai pris ta main dans la figure.

J'ai pris le taureau par ses cornes.
J'ai pris la porte et puis la borne.
J'ai pris la voix d'une procédure.
J'ai pris ta main dans la figure.

Et soudain le ciel en tombant,
Nous a demandé le silence.
Sans prendre le moindre gant
Face à l'insoutenable absence.

Le Corbeau

La voilà donc votre sentence
Maître Corbeau et votre clique.
Un inconditionnel silence
Pour un forfait anecdotique.

J'accepte votre jugement
Et je promets de m'y conformer.
Mais oubliez mon assentiment
A la didascalie cachée.

De la hauteur de votre branche
Votre vue est sans doute masquée
Par un trop gros bec qui clenche
Dans les moments de vérité.

Car je ne suis pas le premier
Parmi les renardes, vos voisines,
Injustement calomnié
Sous vos noires fourches caudines.

Je sens jusqu'ici ce fromage
Indisposé par son odeur
Que vous faites d'un faux outrage
En enfumant quelques flatteurs.

A mes demandes d'explications
Que notre relation mérite
Votre belle voix fut sans son
Dont vous partagez la faillite.

Ce qui m'a vraiment convaincu
De l'impasse de vos arguments
C'est d'avoir été confondu
Avec un renard malveillant.

La surprenante forfaiture
Ne grandit pas vos courtes pattes
Contreboutant la clôture
D'idées qu'on trouverait étroites.

Mais descendez de votre branche
Qui me semble soudain très lâche
Voilà votre place dimanche
Au niveau du plancher des vaches.

Rassurez-vous, qui pourrait croire
Que vous manqueriez de courage
En composant toute une histoire
Bien à l'abri de votre cage ?

Et gardez-le, votre fromage,
Surtout n'ouvrez plus votre bec,
Sauf à destiner vos ramages
A des mélodies plus toltèques.

Depuis trois siècles la fontaine
Abreuve des rives illusoires
D'une croyance trop ancienne
Dans les facultés des renards.

Je n'ai pas vu le coup venir
Ni même votre couleur changer
Quand il aurait fallu pâlir
Aux premières contre-vérités.

Pour être précis votre honneur
Sur la raison de la missive,
C'est que le feu de la douleur
Vaut l'amitié dont elle nous prive.

Après trop de nuits insomniaques
Le mois de janvier est propice
À des résolutions foutraques
Que je mets à votre service.

Sous votre préconisation
J'avais écrit, très enthousiaste,
Les vertus d'une « séparation »
Soulageant le foie et la rate.

Je vous rends cette poésie
Que je pose sur votre pupitre
Telle mon amitié infinie
Que j'aurais préférée en titre.

Léger

Dans sa robe légère,
Elle cherchait un frisson,
Pour quitter sa tanière,
Et changer de maison.

Je parlais de demain,
Elle voulait exister.
Je lui serrais la main,
Elle, elle voulait danser.

Je montrais l'horizon,
Elle regardait ses pieds.
Si au moins ce poisson,
Pouvait rire ou chanter !

Alors sans transition,
Elle me rendit les clés,
De la chappe de plomb,
Où je nous ai laissés.

Avant d'écrire en vers,
Laisse faire les saisons,
En prenant plutôt l'air,
D'une jolie chanson.

Montre-moi

Elle a les yeux si bleus,
Qu'on peut y voir la mer
La volonté du fer
De l'empathie pour deux.

J'ai accosté tout près
De cette rive heureuse
Dans sa lumière joyeuse
En traversant l'été.

Elle m'a montré la voie
Les signes du présent.
Ebloui dans l'instant,
J'ai regardé son doigt.

embarcation

Murmures de pierres

Place du Champ de Foire, Maîche

Je ne me souviens pas
Il y a plus de cent ans
De qui m'a posé là,
Ni de la place avant.

J'en ai vu des chevaux
Des gens et des voitures.
J'ai vu passer de l'eau,
Et de grandes figures.

Le petit bar désuet
Accueillait les badauds
Au rez de la chaussée
A la foire aux bestiaux.

Lui n'habitait pas loin,
Dans la rue des montagnes.
Depuis leur magasin,
Si loin de la Bretagne.

L'homme de quarante ans
Entra chez son notaire
Signant l'engagement
D'être propriétaire.

Et en moins d'une année
A l'angle de la rue
Sur un projet osé
Je me suis étendue.

La bourgade tranquille
Où a lieu cette histoire,
Mimait souvent la ville
Grâce à un champ de foire.

Un escalier peu sûr
Protégeait mon entrée.
J'ai gardé mon l'allure
Dans l'esprit du quartier.

Dedans quelques tentures
Comme des gants de soie
Effleuraient les peintures
Et des meubles de bois.

L'hiver était prétexte
A faire venir parfois
Des amis sans contexte
Autour d'un feu de bois.

La ville était couverte
D'un épais manteau blanc.
La nuit presque déserte
S'y endormait souvent.

Le Jura orgueilleux
Montrait sa résistance
Par des froids capricieux
Au printemps qui s'avance.

Dans la prairie glacée
Un lourd cheval comtois
Semblait encore régner
Sur la forêt de bois.

Quand enfin la chaleur
Revenait de nulle part
On plantait quelques fleurs
Dans de grandes baignoires.

Ma terrasse fleurie
Regardait chaque soir
Le soleil alangui
Sous les branchages noirs.

En bas le magasin
Bruissait d'effervescence
Lorsque le lendemain
Commençaient les vacances.

Chacun rêvait alors
De nouvelles couleurs
Pour la pièce où l'on dort
Dans sa propre demeure.

Le couple cultivait
Ses talents esthétiques
A peindre, à décorer
Des intérieurs uniques.

Et le temps a passé
Et les deux sont partis.
Le premier en janvier
Elle, c'était par dépit.

J'entends du bruit en bas
Sans pourtant reconnaître
L'incomparable pas
De ceux qui m'ont fait naître.

Avoir le premier mot

Helen Keller

Née aveugle, sans langage,
Bientôt sourde à deux ans.
Une animale en cage
Souffre d'isolement.

Comment décrire le monde
De la petite fille.
Pour nous, la terre est ronde
Pour elle, elle est la nuit.

Ses parents démunis
Exaucent les caprices
De celle dont la vie
Egale l'injustice.

Dans sa bulle exiguë
Helen a ses deux poings
Pour frapper l'inconnue
A portée de sa main.

Elle ne sait pas un mot
Malgré son caractère.
Ne sait ni « laid », ni « beau »,
Ni même qui est sa mère.

Il est bien difficile,
D'imaginer les jours
De celle qui d'un asile
Ne connaît pas le tour.

Si la vie l'a privée
D'entente nécessaire,
Le pire est pourtant lié
A son vocabulaire.

L'enfant se désespère
Sans voix pour la chérir.
La plus courte prière,
A des mots pour le dire.

Il n'est question ici
Dans son comportement
Ni de manque d'esprit
Ni de ses sentiments.

Il faut aller plus loin
Pour cerner son combat.
Comme tenter un dessin
Privé de ses deux bras.

Mettons-nous à la place
De cette jeune fille.
Où les verbes s'effacent
Qu'ils soient notés ou dits.

Parmi les mots communs
Que nous utilisons
Nous n'en gardons aucun
Ni ne les remplaçons.

« Etre » n'existe plus
Ni "vouloir", ni "souffir".
« Aimer » a disparu.
Pas un mot pour tout dire.

On mesure mieux alors
La frustration larvée
Qui pousse le petit corps
A l'agressivité.

On voit chez des anciens
Qui perdent la mémoire
Combien ils sont atteints
Privés d'un répertoire.

La finesse, la nuance
Dans le vocabulaire
Disent nos différences
En évitant la guerre.

Malgré l'honnêteté
De deux individus
Des vies vont s'affronter
Sur un malentendu.

Notre langue est précieuse
Et nous la négligeons
La trouvant hasardeuse
Dans ses complications.

D'aucuns le jour, la nuit
Polissent leur langage
Soucieux d'être précis,
Pour un moindre message.

Quand d'autres mieux assis
Pour coller à l'usage
Négligent et simplifient
L'admirable héritage.

Et parlons des petits
Qui sortent du primaire
Sans accès au récit
De leur propre univers.

Les portes d'un chemin
S'ouvrent avec des clés
Dont on prive un gamin
S'il ne sait pas parler.

Revenons à Helen,
Qui se trouve à six ans
Sous une quarantaine
De tout enseignement.

C'est pourtant à cet âge
Qu'un ange de patience
Libère ce frêle otage
Du monde du silence.

Une femme formidable
Etablit un contact,
Perçant l'imperméable
Forteresse avec tact.

En tapant de son doigt
Doucement sur sa main,
Elle abat la paroi
Et établit un lien.

Un code se construit
Tel un vocabulaire
Permettant à la nuit
D'entrer dans la lumière.

Pressée de déchirer
Le rideau de silence,
L'enfant va consacrer
Chaque heure à cette audience.

Une main libérée
De l'autre elle va écrire,
Ce qu'en captivité
Elle ne pouvait saisir.

Quelques années plus tard
Helen est diplômée.
Signe de la victoire
Des mots pour exister.

*Helen Keller : née en 1880 et disparue en 1968 à aux
Etats-Unis, est une auteure, conférencière et militante
politique américaine. Bien qu'aveugle et sourde à l'âge
d'un an et demi à la suite d'une congestion cérébrale,
elle parvint à devenir la première personne atteinte de
ce handicap à obtenir un diplôme universitaire*

Acrostiche ?

Lors d'un atelier de poésie en 2024...

F ondamentalement, est-il une autre quête,

R encontrer qui l'on est .... Scientifique ou poète ?...

A prendre la porte, la plume ou la retraite,

N otre chemin se joue de notre marionnette

C omme le jour se lève ou comme une ombre nette.

O n compte les années, pas celles qui se reflètent

I ncorrigiblement, en maniant sa lorgnette

S ur la pointe des pieds, d'un tout petit squelette.

Cap de Bonne Espérance

Sexagénaire !
Qui a donné ce nom bizarre
A deux océans face à face,
Qu'une seule pointe sépare
Sans le moindre signe en surface ?

Ce serait donc à l'intérieur
Que se produit le changement.
Certains décrivent la langueur
Et les humeurs des courants.

Depuis cette petite barque,
Il souffle trop vite le vent.
Faut-il déjà que l'on débarque ?
Ou reste-t-il au moins du temps ?

Le seul horizon disponible
Brûle mes yeux de ses reflets.
Le bruit dehors est invisible,
Sous le poids d'un silence épais.

Mon compagnon en célibat
Fait la route avec moi le jour.
S'ensuivent la nuit, des débats
M'autorisant quelques détours.

J'ai quitté un chemin tenu
Arraché à mon bon vouloir.
Ici ressemble à un début
Où l'on écoute le hasard.

Je n'avais pas anticipé
Qu'à m'approcher très près du cap
Il me faudrait soudain lâcher
Cette béquille qui m'échappe.

Les lendemains du crépuscule
M'éloignent des rives connues.
Les pieds nus dans mon véhicule
Semblent en savoir un peu plus.

La nuit m'héberge maintenant,
Sans une seule ombre au tableau.
Seul un imperceptible vent
Vient encore troubler ce repos.

Cette brise légère et fortuite
Seule rescapée d'un naufrage
Me rappelle par sa visite,
L'éventualité d'un message.

L'infini est si bien caché,
Dans la seconde que l'on traverse
Que le temps serait dépassé,
Sur un seul mouvement inverse.

Il ne s'agit pas de demain,
Ni de la moindre conjecture.
L'univers est un souverain
Qui se moque bien du futur.

Demain n'a jamais existé,
Les poètes le savent tous.
Buvant la bière, à satiété,
Buvant la bière et pas la mousse.

Tout est donc là, dans ce bateau,
Les idées folles, et la présence.
Le reste finira dans l'eau,
Les objets, le temps, l'expérience.

Nous mourons seuls, si nous mourons
De solitude, de surdité.
Tourne, tourne notre chanson,
Devant, derrière, ou de côté.

Dès que la colère se présente,
Le désespoir, ou bien l'envie,
C'est le chemin qui s'impatiente,
Que l'on soit las, plutôt qu'ici.

"Il est plus tard qu'il n'y paraît",
Jouissons de respirer, encore.
"Il est plus tard qu'il n'y paraît"
Pour quelques notes et un accord.

Quand cette petite musique,
Fût-elle de nuit, nous tire l'oreille,
Elle nous chante notre fabrique,
Notre humanité en sommeil.

Nous sommes les autres si nous sommes,
Sans eux, la vacuité demeure.
Dans le miroir, danse l'opium.
Dans un regard, le créateur.

Cet anniversaire est aussi
Une singulière naissance,
Au milieu d'eux qui sont partis,
Dont j'entends, partout, le silence.

On approche la mort partout
Sans forcément la voir passer.
On peut dire qu'on lui doit beaucoup
A force de nous relever.

Les mères ne devraient pas mourir,
Et laisser seules des âmes perdues.
A chaque moment je soupire,
A cette lumière disparue.

Dans une église sans écho,
Mes bras s'élancent vers le ciel.
Espérant que peut-être là-haut,
On embrasse encore les mortels.

Les bras coupés, mais plein d'espoir
Je sens le vent qui s'est levé.
Qui me pousse, sans le vouloir,
A jouir de la brise d'été.

C'est un cadeau, c'est le présent
Sur lequel je navigue alors.
Sans un secours, mais pour longtemps
Si je choisis, demain, un port.

Une bougie presque soufflée,
Donne enfin sa voix au chapitre.
Il me faudrait soixante années,
Pour abandonner un pupitre.

Cette charpente apoplexique,
Barrée de questions millénaires,
M'a servi de neurasthénique,
Et de tutelle militaire.

Mes sinuosités intérieures,
Nourrissent chaque jour ma confiance.
Elles composent de petits bonheurs,
Sur une note d'indépendance.

Le reste tient en quelques lignes
Que je n'aurai pas à écrire.
Dessus les vers un cep de vigne
Comme un pied qu'il faudra conduire.

J'ignore si les mers australes,
Ont quelque chose à enseigner.
Mon minuscule dédale,
Pouvait aussi se faire à pied.

Je me suis perdu avant vous,
Dans ce méandre épistolaire.
Lequel des deux est le plus fou,
D'avoir suivi l'itinéraire ?

Il est temps de nous séparer,
Nous ferons la fête demain.
Avec vous je célébrerai,
La poésie du quotidien.

.

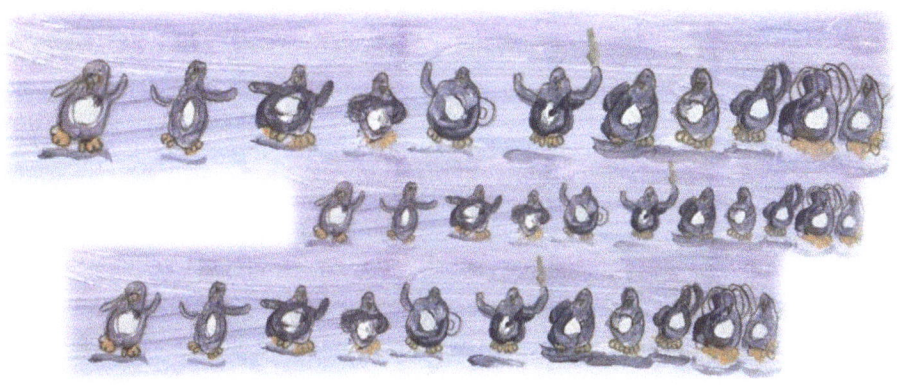

conversation

Quand il ne reste rien

Mes amitiés !

Voici quelques images
De celles que l'on fabrique.
Pour compléter ces pages
Il faut une musique.

Si le ciel n'est plus clair
Quand les soleils sont gris.
Protégé des éclairs
Il reste les amis.

Bien au-delà

Pour Gaston

Que peut-on vraiment célébrer
Quelques jours après un départ
Quand d'un ainé on nous sépare
Quand les larmes n'ont pas séché.

Que peut-on vraiment célébrer
S'il existe ici une place
Qui occupera tout l'espace
Sans personne pour s'y installer.

Que peut-on vraiment célébrer
Si c'est le manque qui préside
Si celui qui servait de guide
Ne peut pas nous accompagner ?

C'est que sans doute de là-haut
Il est une voix qui nous dépasse
Qui trouvera dans ce palace
Façon en nous de faire écho.

Une façon dans notre oreille
De rappeler s'il est besoin
Que Gaston aimait avec soin
Les siens, la vie et le soleil.

Il est donc temps de célébrer
Ensemble ce moment béni
Inès, Amédée ont dit oui
Dans cette douce lumière d'été.

C'est une grande joie d'être là
A vous voir unir vos deux vies
Dans un unique état d'esprit
Pour chaque jour qui viendra.

Toutes mes félicitations !
J'entends une petite musique
D'au-delà de nos contrées physiques
Qui berce avec joie votre union.

A la lueur de Kerouini

Pour Doudou

Près de la plage de Kerouini
Une épaisse brume matinale
Semble soudain s'être assoupie
En cherchant son point cardinal.

Quelques badauds désorientés
Scrutent le ciel dessus la mer,
Comme si l'on avait privé
Le petit phare de sa lumière.

Il est parti tout doucement
Attendant qu'un de ses garçons
Remonte avec lui le bon temps
Des horloges de Besançon.

C'est là qu'il a construit sa vie
Au pays des micro techniques
Inspiré par quelque génie
De créations technologiques.

On s'en souvient Jusqu'à Calais
Là Où des métiers à dentelle
Tissent des points ajourés
Inventés sous la Citadelle.

Mais sa passion pour la Bretagne
L'a rappelé il y a vingt ans.
Il quitte le Doubs, ses montagnes
Saisi par d'autres éléments.

Le vent, la pluie et la pêche
L'ont rattrapé par les racines
Quand une saison trop sèche
Révéla son âme marine.

Les souvenirs de Quiberon
De Penthièvre et de ces vacances
S'imposèrent avec la pension
Comme les couleurs de son enfance.

La force de la vague saline
Provenait de joyeux moments
Partagés sous une gabardine
Où le granit tient l'océan.

Dix-huit bottes foulaient alors
Les plages ventées de Bretagne.
Où l'on passait deux mois dehors
Avant le retour en campagne.

Quelques grandes marées plus tard
Il emmena son évidence,
Son épouse et cette mémoire
A l'autre frontière de la France.

De la terrasse de leur maison
Agrandie autour du billard
Le vent, la mer et l'horizon
Semblent trop silencieux ce soir.

Quelques vaguelettes voisines
Se sont étendues sur le sable
Renonçant comme on le devine
A une pêche incontournable.

La lumière du phare s'est éteinte
Et avec elle quelques secrets.
Sa brillance n'est jamais feinte
Son gardien est juste discret.

Surtout vous savez sûrement
Que les lumières de cette nature
Ne s'éteignent jamais vraiment
Dans nos yeux ou sur nos figures.

On m'aurait confié ce matin
Qu'il a partagé une cachette
Un endroit sûr où l'on détient
Le mystère des allumettes.

Cette magie d'apercevoir
L'apparition inattendue
Sur une pierre, sur un miroir
D'une étincelle à son insu.

C'est un breton qui me l'a dit
Qui comme lui a cet accent
De la langue de la modestie,
De la pudeur des sentiments.

Regardez attentivement
Dans les étoiles ou sur la mer
Il est tant de scintillements
Tels des clins d'œil sur la poussière.

Le port de Kerouini s'endort
Sans la lumière de son phare.
Pourtant elle brillera encore
De nombreuses années plus tard.

Déni

Lyon, septembre 2024

Sans un adieu et sans te voir,
Je les entends pourtant pleurer.

Quand la lumière broyait du noir
Les cloches ont-elles au moins teinté ?

Rien ne permettra plus de croire
Que l'horloge s'est arrêtée.

Terrible porte sans couloir,
Pourrait-on au moins la fermer ?

Si c'était la fin de l'histoire,
J'aurais voulu t'accompagner.

A l'élégance de mon frère

Paris, 60 ans de Pierre-Michel, janvier 2024

Il y a soixante années, le médecin local,
Brillait par ses diplômes et par son écriture.
Côté psychologie, nous sommes dans le dur,
A lire ton futur dans une boule de cristal !

Un décembre glacial s'immisça dans l'histoire
A tel point que les toits semblaient des patinoires.
Une plaque de glace tomba tel un miroir
Scalpant le jeune garçon, debout sur un trottoir.

Mon frère fut un jeune homme qui cachait bien son jeu
Il jouait dans la forêt, on le pensait studieux.
Il revint en boitant un clou dans la guibolle
On cacha le secret à Hélène, à Nicole.

Savez-vous que Pierre-Mi fut un fin musicien ?
Tellement passionné, que chaque mercredi
De Pontus à Besac il se rendait en train
Pour se faire incendier par un prof cramoisi.

Puis mon frère va poser du goudron en Allemagne,
Histoire d'un jumelage et d'un stage d'été.
Pas une sinécure, mais pas non plus le bagne.
Pour l'histoire des chaussures, c'est à lui d'expliquer.

Des fourmis dans les jambes, mon frère prend son
envol,
La Guyane, le Brésil... Et bientôt le Mexique.
Une guitare sur le dos, ah, encore la musique !
Cette fois-ci par plaisir et sans aucun bémol.

J'en profite mon frangin, pour te remercier
De m'avoir invité un jour depuis là-bas.
Je n'oublierai jamais la plage d'Ipanema,
Ni même l'« Ile du diable » et son pénitencier.

Retour aux choses sérieuses, BM et Mercedes,
Comme premiers contrats. Malgré la renommée
Des firmes germaniques, il ne va pas rester.
On ne négocie pas ses valeurs en espèce.

Quelques années plus tard, près de Jouy en Jossas,
Pierre-Michel accroche un tout nouveau trophée
Couronné en basket, bac B dans la besace,
Une année de courage finit en MBA.

Puis ce fut LA rencontre, avec ta belle chérie.
Laure, Adrien, Clara et un peu tard Jeanne.
Un tournant dans ta vie, comme un fil d'Ariane,
Qui soude ainsi vos vies, dans un état d'esprit.

Je n'y arrive pas !...

Après quarante lignes, tout est tellement lent.
En prenant une plume pour cet événement
Je ne veux pas imposer une séance diapos
Ni feuilleter avec vous un album de photos.

Vous n'êtes pas venus, tous ici ce soir,
Pour admirer des coupes sur le bord d'une armoire.
Alors quoi, soixante ans pourraient se résumer
A deux ou trois selfies, dérobés au passé ?...

J'n'ai pas fait ça souvent frangin, parce qu'on se parle
peu.
Nos échanges sont rares sans être silencieux.
En tout cas on suggère, plus que l'on ne déclare.
Et je voulais te parler de toi, ce soir.

Ta façon d'aimer sincèrement, fidèlement
Elégamment ta femme, tes enfants, tes amis.
Ton approche de la vie où calmement
Tu en abordes les tourments, les péripéties.

Ton ambition à relever des défis, avec humilité.
Ton élégance, sans jamais en faire état.
L'organisation de ta vie, dans la simplicité,
Ta présence près de nous ton frère, ta sœur ou moi.

Ton rire de gamin quand tu es dans l'ambiance,
Et cette bonhomie qui vaut bien des défenses.
Ta façon d'arborer tes valeurs, sans aucun parti pris.
Et cette place nouvelle quand papa est parti.

Sensible, drôle, calme, sobre, un peu secret, fidèle,
organisé, voyageur, curieux, travailleur, ...

Je fais de la poésie, toi tu ne fais pas de cinéma. Je
suis fier mon frère. Fier de toi et de la façon dont tu
t'engages dans cette nouvelle dizaine.

Merci frangin et joyeux anniversaire !

Joyeux anniversaire frangin

Lisbonne, 60 ans d'Antoine, avril 2024

Un soir de rien où même le vent,
Laisse passer les courants d'air.
Où les femmes et les passants
Semblent plus vrais, sans leurs manières.

La simplicité du moment,
S'est imposée d'elle-même.
Sous le règne de ce présent,
Chacun reconnaît ce qu'il sème.

Les faux semblants et les courbettes,
Les sourires de circonstance
Leur font avouer qu'ils regrettent
Ces moments perdus en défense.

Vous le connaissez sûrement.
Celui dont je dis le courage.
Car il en faut assurément,
Pour accepter de vrais partages.

Je n'ai d'amis autour de moi,
Que si un jour on s'est avoués
Sans les manières de quel bois,
Notre squelette est fabriqué.

Et oui, je parle bien d'Antoine
Dont la pudeur est manifeste,
Il suit de nombreux fils d'Ariane,
Et ses valeurs font le reste.

Et s'il le permet mon frangin,
Que je dévoile encore une chose,
Je l'imagine encore bambin,
Devant une figure qui s'impose.

Face à Antoine, je vois son père,
Ou plutôt son enseignement,
De l'élégance, de l'homme fier,
De celui qui va de l'avant.

Chez lui tout est en suggestion.
Il ne prépare pas de tartines,
A étaler ses impressions
A fatiguer sa bonne mine.

Bien sûr, Antoine aime le beau,
Mais son essentiel est ailleurs,
Derrière l'impression d'un tableau,
Se cachent un détail, une couleur.

S'il vous en parle, je n'ai rien dit.
Ça restera notre secret.
De toutes façons ce n'est pas lui,
Qui cherchera à en parler.

Antoine est homme d'entreprise,
Le temps d'une respiration
Il aura refait sa valise
Pour prendre le prochain avion.

Et s'il est un jour sédentaire,
C'est qu'une petite fille
Aura su convaincre son père
De s'occuper de ses chéries.

Au bras d'Irina le voilà,
Un sourire fier à regarder
Sa petite Romy faire le chat
Devant son père, émerveillé.

Un mot encore pour Hugo,
Qui voit son père comme une statue,
Mais qui saurait, sur un morceau
Renverser l'allure d'une tribu.

Voilà mon frère en quelques mots,
Ce que je partage avec toi.
Ce soir tu es notre héros,
En sexagénaire pantois.

Alors Antoine, il est grand temps
De lever nos verres en chantant
Nous célébrons tes soixante ans
Pour qu'il t'en reste au moins autant !

Le sexagénaire et l'enfant

Générations

Un enfant de huit ans
Rencontre par hasard,
Un homme aux cheveux blancs,
Qui lui semble bizarre.

Salut, tu as quel âge ?...
Demande l'enfant, fier,
Qui dans le personnage
Voit presque un centenaire.

J'ai bientôt soixante ans !
Ah, mais c'est super vieux.
T'as connu Magellan ?...
Peut-être Richelieu !

Je suis né bien avant
Lui répond le vieillard,
Quand j'étais un enfant,
C'était la préhistoire.

Dans ma caverne j'avais
Un petit dinosaure
Qui mangeait du poulet,
Que j'appelais Igor.

Ah, bon et c'est comment
Quand on a soixante ans ?...
On est comme un savant
Ou comme un président ?...

Tu te fais des idées,
On n'en sait pas autant.
Mais je peux t'expliquer,
Pourquoi c'est amusant.

Voilà, c'est comme un jeu
Où tu atteins un seuil
Et tu peux débloquer,
Des fonctionnalités.

Par contre les horloges
A mon âge petit
Je n'en fais pas l'éloge
Elles font bien trop de bruit

Alors je prends le temps
Et ça m'en laisse assez
Pour écouter le vent …
Ou rechercher mes clés.

Je vais te dire alors
Ce qui change vraiment
En quoi on est senior
Et un peu moins enfant.

C'est que la vie qui passe
Emmène quelquefois
Des cœurs qui trépassent
Quelle que soit notre foi.

C'est ça la différence,
Entre nous deux tu vois.
J'ai bien plus d'expérience
Mais eux ne sont plus là.

La vie est lumineuse,
Elle nous dit quelquefois
Combien elle est précieuse,
De sa petite voix.

Alors ceux que tu aimes,
Ceux qui sont importants,
Ecris-leur des poèmes,
Ou dis-le en chantant.

Dis-leur que tu les aimes,
Dis-leur plutôt cent fois.
Dis-leur que tu les aimes,
Dis-leur quand ils sont là !

Le chercheur d'Or

Janvier 2024

J'ai rencontré des chercheurs d'or,
Quelques moutons et tant de loups.
Pour en dire plus, il faut encore
Votre silence, comme garde-fou.

Premier d'entre eux, un pauvre erre,
Qui creusa tant, qu'après cent ans,
Il exhuma de l'or de terre.
Il eût le plus bel enterrement.

Le deuxième était plus rapide,
A voir en chaque circonstance,
Raison d'état de tout cupide,
De vendre sa vie à la chance.

Comme disait Brel, quant à son père,
"L'ennui c'est qu'il en a trouvé".
Les deux premiers qui font la paire,
Auraient bien dû s'en inspirer.

Mais celui dont je veux parler,
N'appartient pas à cette espèce.
Ne l'auriez-vous pas rencontré ?...
Peut-être même dans la pièce...

Pourtant j'insiste pour l'histoire,
Et pour ne pas perdre nos âmes,
Je vous demande de bien vouloir,
Ne jamais parler du sésame.

Je ne donnerai pas de nom,
Ni quand cette histoire prit date.
Je ne prendrai pas de questions
La faillite serait immédiate.

Alors voilà, j'en viens à lui
Un homme simple et accessible
Qui pourtant a eu cette envie
De rendre un projet fou crédible.

Il a commencé de ses mains
À bâtir une pièce unique
Un projet tourné vers l'humain
Tel un microcosme Éthique.

Certains y croyaient à moitié
Mais lui en était convaincu.
La réussite peut se cacher
Dans des augures inattendus.

Il proposa à des géants
Une forme d'introspection.
Aménager leur financement
Et en revoir la notation.

Pour que notre avenir soit durable
Il existe des individus,
Dont l'attitude responsable
Mérite d'être mieux connue.

Et l'entreprise fonctionna !
Près de deux cents salariés
Insufflaient au monde des magnats
Un point de vue différencié.

Et le plus beau est pour la fin
Cet homme simple et discret
A l'esprit vif, à l'air malin,
Tourna la page, dans le secret.

Sans trompette, ni sans tambour
Deux cent quarante mois d'efforts
Furent déposés comme secours
À des âmes dans l'inconfort.

Mais ce geste reste le sien.
Je ne vous ai jamais rien dit.
Le bruit fait rarement du bien
Le bien ne fait jamais de bruit.

L'art de la lenteur

Janvier 2025, 60 ans de Gilles

Certains vendraient leur âme pour un peu de silence
Quand le monde agité fait gronder ses colères.
Lui marche près d'un lac en écoutant la mer,
D'une allure cadencée au rythme de sa science.

Jamais vous n'entendrez cet homme souriant
Se plaindre, ni pester, contre quelque tempête.
Il a connu la foudre et l'orage pourtant
Mais garde dans les yeux, la lumière d'un enfant.

A l'heure où nos messages trahissent notre ennui,
Il prend le temps qu'il faut en toutes occasions
Pour donner des nouvelles ou bien pour dire merci
Sur une page blanche, montrer son affection.

La société nous vend le bonheur en promesse
A parier que demain mérite un changement.
Il est toujours guidé par sa propre sagesse
Prenant comme un cadeau la douceur du présent.

L'ère de la performance voudrait faire de nous
Des machines à succès en toutes circonstances.
Lui ignore la vitesse, on peut dire qu'il s'en fout
Préférant déguster l'infini du silence.

Mon frère n'a ni slogan et pas de banderoles
Pour justifier sa vie, ni démontrer ses choix.
Son discours est à lui et sans porte-parole
Quand d'autres font du bruit, en se montrant du doigt.

Cette force intérieure et cette résilience
Semblent lui conférer l'allure d'un professeur.
Sur un chemin tranquille, loin de toute influence
Il cultive patiemment, tout l'art de la lenteur.

Rama, Népal

Quelque part près de Katmandou. A Isabelle et Gérald

Rama était restée debout
Comme si elle voulait s'excuser,
Comme si d'une vie de rien du tout
On ne devrait pas s'occuper.

Sa silhouette torturée
Cachait les brûlures d'un squelette
Qui depuis toujours malmené
Paralysait son interprète.

Elle était recroquevillée
Dans une posture en tension
Incapable de relever
La tête au-dessus du menton.

C'est la position accroupie
Qui avait cassé cette femme
Habituée dans son pays
A travailler sur une trame.

Au Népal on porte sa vie
Comme une maison sur la tête,
Le labeur est ici un fruit
Dont on connaît bien les recettes.

Rama n'avait pas dit un mot
Avant l'arrivée d'Isabelle.
Immobilisée par son dos
Et par une posture cruelle.

Elle allongea son corps meurtri
Sur la courte table de soins
Pour y reposer son esprit
Qu'elle remettait en d'autres mains.

L'ostéopathe délicate
Massa patiemment la pauvresse
Permettant d'une main adroite
Que quelques mouvements renaissent.

Sortie d'un carcan invisible
La népalaise radieuse
Prenait une allure paisible
Dont elle semblait même curieuse.

Se redressant devant la table,
Rama ne reconnaissait plus
Les sensations agréables
Qui encourageaient sa statue.

On ne sait pas quelle magie
A dû inventer Isabelle
Pour colorer le visage gris
De Rama, redevenue belle.

Certains sourires n'ont pas besoin
De mots pour être bien compris.
Les deux se donnèrent la main
Et dansèrent comme l'on rit.

Intonation

Anniversaire d'Antoine

Lisbonne, 2024, sur l'air de « Si j'étais président », de G.Lenorman

Il était une fois à l'entrée des artistes
Une band' de copains qu'y avaient l'air un peu triste
Ils attendaient de moi une phrase magique
Je leur dis simplement "Si j'avais soixante ans"

Si j'avais soixante ans, dans cette République
On viendrait un moment, que vous n'soyez pas tristes,
On pass'rait nos journées, comme de vrais artistes
A la plage, au café, on prendrait du bon temps.

Plus besoin de culture, on mise'tout sur la chance
Au diable la police, on oublie les finances,
C'est Romy qui sourit et Irina qui danse
Le soleil à l'envi, si j'avais soixante ans

Alors évidemment, je vais un peu moins vite,
Maintenant face au vent, c'est bien problématique
Mes genoux douloureux, finiront en plastique
Mais je vais continuer, à aller de l'avant.

Je secouerais la nuit mon corps diplomatique
Dans une'super disco à l'ambiance atomique
On ferait une fête, façon thérapeuthique
Rien n'serait comme avant, si j'avais soixante ans.

Si j'avais soixante ans, dans cette république
Je ferais un discours en vers et en musique
Et les jours de soleil, boisson énergétique
Pour oublier la veille, si j'avais soixante ans.

Si t'avais soixante ans dans cette république
Pour nous, tes p'tits copains, ça s'rait super pratique
On boirait des canons, naturels ou chimiques
On serait bien contents de pas prendr'le volant.

Je fêt'mes soixante ans, dans cette République
Vous les petits malins vous êtes bien sympathiques
Alors comptez sur moi pour tout mettre en pratique
Car avoir soixante ans, c'est just'avoir le temps

La la la la la...

Cousinades

2024, sur l'air de « Si j'étais président », de G.Lenorman

Si j'avais soixante ans
Il était une fois à l'entrée des artistes
Une bande de cousins qui avaient l'air un peu triste
Ils attendaient de moi une phrase magique
Je leur dis simplement "Si j'avais soixante ans"

Si j'avais soixante ans, cet âge canonique
On viendrait un moment, que vous n'soyez pas tristes,
On pass'rait trois journées, comme de vrais artistes
En Bourgogne avec vous, à la fin du printemps.

Plus besoin de culture, on mise'tout sur la chance
Au diable la police, on oublie les finances,
C'est François qui sourit et c'est Pierre-Mi qui danse
Frédérique en sortie, et Emmanuel en transe…

Alors évidemment, j'irais un peu moins vite,
La vitesse du vent, serait problématique
Mes genoux douloureux, finiraient en plastique
Mais je continuerais, à aller de l'avant.

Je secouerais la nuit mon corps diplomatique
Dans une'super disco à l'ambiance atomique
On ferait une fête, façon thérapeuthique
Rien n'serait comme avant, si j'avais soixante ans.

Si j'avais soixante ans, cet âge canonique
Je ferais un discours en vers et en musique
Et les jours de soleil, boisson énergétique
Pour oublier la veille, si j'avais soixante ans.

Moi j'ai pas soixante ans, c'est de l'arithmétique,
Pourtant je me souviens de l'Union Soviétique,
Des télés noir et blanc, des débats politiques,
C'était y a pas longtemps, qu'on était des enfants !

Vous avez soixante ans cet âge canonique
Pour nous, tous vos cousins, ça s'ra super pratique
On boira des canons, naturels ou chimiques
On sera bien contents de pas prendr'le volant.

Fêtez vos soixante ans cet âge canonique
Mon frère et mes cousins, vous êtes bien sympathiques
Alors comptez sur moi pour tout mettre en pratique
Car avoir soixante ans, c'est just'avoir du temps

La la la la la...

Anniversaires de Nicolas et Blandine

Ecully, 2024, sur l'air de « Si j'étais président », de G.Lenorman

Il était une fois à l'entrée des artistes
Un couple de copains qui avait l'air un peu triste
Ils attendaient de moi une phrase magique
Je leur dis simplement "Si j'fêtais mes cent ans".

Si j'fêtais mes cent ans, cet âge canonique
Je prendrais du gâteau et mes antibiotiques,
Sans brûler les bougies, raison écologique
Ce serait étonnant, si j'fêtais mes cent ans.

Je secouerais la nuit mon corps diplomatique
Dans une'super disco à l'ambiance atomique
Et je ferais la fête, façon thérapeuthique
Bien assis sur un banc, si j'fêtais mes cent ans.

Alors évidemment, j'irais un peu moins vite,
La vitesse du vent, serait problématique
Mes genoux douloureux, f'raient un bruit de plastique
Mais je continuerais, à aller de l'avant.

Quand on fêt'ses cent ans, on connaît ses classiquEs,
J'aurais des souvenirs, de l'Union Soviétique,
Des télés noir et blanc, du choc énergétique,
Il y a tell'ment longtemps, que j'étais un enfant !

Vous fêtez vos cent ans et en arithmétique
Ca fait un siècle à deux comme un choix magnétique
La lumière dans vos yeux, est toujours authentique
Comme deux amoureux, aux premiers sentiments.

Vous fêtez vos cent ans, cet âge canonique,
Ça valait un discours, en vers et en musique
En numérologie, le nombre est symbolique
D'équilibre cosmique, sans plus de prise au vent.

A la maison deux poules, 3 lapins, une bique,
Animent le jardin, façon macrobiotique
Au bonheur des parents et d'un vaillant tryptique
Ainsi passe le temps, aux couleurs du moment.

Vous avez cinquante ans, cet âge symbolique,
Vingt-cinq ans de mariage et deux cœurs empathiques
Pour tracer le chemin, d'une famille unique
Fondée sur des valeurs, qui inspirent vos enfants.

De tout là-haut nous vient, une petite musique
Qui voudrait être là, fêter votre chronique,
Les notes de son cœur, d'un élan féérique,
Souffleront avec vous, les bougies du présent.

Fêtez vos cinquante ans, cet âge symbolique
Nicolas et Blandine, dans ce temps harmonique,
Où tous les cœurs s'unissent, terriens ou bien
mystiques
Pour vous souhaiter bonheur, pendant au moins
autant.

La la la la la...

Nouvelle étape

Pour le souvenir d'un père dont le fils a eu la gentillesse de me confier un texte. Une parfaite transition vers demain...

Merci Alexandre !

Vois-tu, quand on va prendre une avenue nouvelle,
Et que l'horizon sombre est caché au lointain,
On s'aperçoit alors que la vie semblait belle
Quand on se réveillait chez soi chaque matin.

Oui, le temps est fini des matinées douillettes
Où le moindre imprévu pouvait sembler un drame.
Maintenant c'est la vie qui vient et te répète
Que c'est toi qui es là pour reprendre la flamme.

Tes parents ont pour toi, cher enfant, fait leur vie
Pour t'apprendre à construire la tienne sans relâche.
Et leur amour constant qui jamais ne dévie
Est et sera toujours pour t'aider dans ta tâche.

Mais il faut bien un jour partir vers l'avenir
Sans crainte des périls qui, bien sûr, t'attendront.
Toi, tu peux les combattre et avec le sourire,
Car pour te soutenir, sache que nous t'aimons.

Georges Maillefaud